AF260197

DES
SYSTÈMES POLITIQUES

ET

DES BESOINS SOCIAUX DEPUIS 1830.

PAR A. BABUT,

AVOCAT A LA COUR ROYALE.

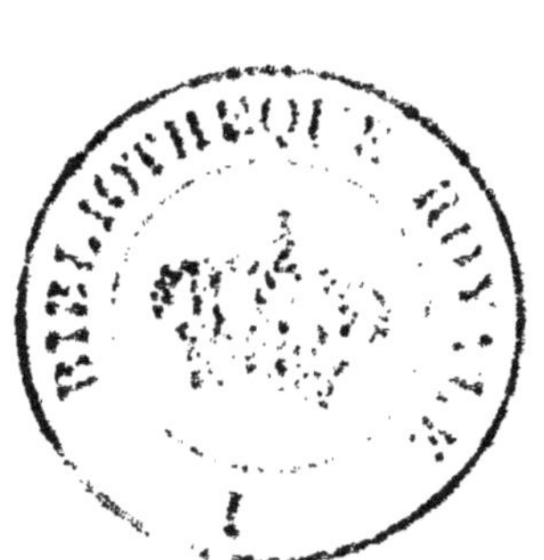

A PARIS,

CHEZ BOHAIRE, LIBRAIRE, BOULEVART DES ITALIENS, 10.

1837

DES
SYSTÈMES POLITIQUES

ET

DES BESOINS SOCIAUX DEPUIS 1830.

CHAPITRE PREMIER.

Des Chartes en général.

« Chez toutes les nations et dans toutes les cités,
» c'est ou le peuple, ou les grands, ou un seul qui
» gouverne; car une forme de gouvernement qui se
» composerait à la fois des trois autres n'est qu'une
» chimère brillante qui, même réalisée, ne pourrait
» subsister long-temps (1). »

Cette réflexion de Tacite semble préjuger l'avenir des gouvernemens modernes. En effet, l'expérience des constitutions a mis en défaut jusqu'à ce jour toutes les théories imaginées sur l'équilibre et la pondération des forces politiques.

En Angleterre, le régime des trois pouvoirs a subsisté depuis 1688, jusqu'à la réforme, par la prépondérance du corps aristocratique : le reste n'a été que fiction ou affaire de forme.

(1) Quæctas nationes et urbes populus, aut priores, aut singuli regunt. Delecta ex his, et constituta reipublicæ forma laudari facilius, quàm evenire : tel si evenit, haud diuturna esse potest. (Tac. Ann. IV.)

Aux États-Unis, la race anglo-saxonne a retourné la base du système représentatif, elle a mis en haut ce qui était en bas dans l'ancienne métropole, c'est-à-dire qu'à l'influence des lords et des évêques elle a substitué la puissance unique des pionniers et des défricheurs.

Ainsi, chez les deux peuples et aux époques diverses de leur organisation politique, c'est toujours l'action libre et spontanée d'une seule force qui se produit.

Que cette force soit le résultat des mœurs ou des faits, il importe peu ; c'est elle, en définitive, qui domine.

C'est donc à tort qu'on attribue de nos jours à certaines théories politiques une puissance souveraine. Je ne crois nullement à cette souveraineté de la théorie; mais je crois à la puissance des faits, à celle des mœurs, des coutumes, et enfin à l'action latente mais irrésistible du climat.

Ainsi toute constitution qui s'écarte en naissant de ces lois fondamentales n'a pas chance de vie ; elle périt par cette raison vulgaire que le tissu le plus fort emporte et détruit le plus faible. Cependant les publicistes modernes négligent complétement ces règles si simples, ils ont un système uniforme de droit public qu'ils appliquent à toutes les zones et à toutes les latitudes; ils oublient qu'il est tel pays où le parlementarisme anglais sécherait sur pied et ne prendrait jamais racine. Il est tel autre peuple de l'Europe occidentale chez lequel ce régime ne pourra se soutenir qu'à l'aide d'une température artificielle, ainsi que les plantes que nous élevons en serre chaude, mais dont les fruits ne donnent ni parfum ni saveur.

Pourquoi ces différences? c'est qu'apparemment la nature morale de ces peuples est rebelle à un régime qui érige la corruption en système et qui se fonde sur la vénalité des votes et le trafic des suffrages (1).

Peut-être aussi que la mesquinerie et la sécheresse des formes constitutionnelles sont sans attraits pour ces imaginations du midi, qui, pour être séduites, veulent le spectacle des grandes choses, ou des fictions plus brillantes que celles de la charte britannique.

Quoi qu'il en soit, je suis convaincu qu'on s'abuse singulièrement sur la valeur des constitutions comme moyens de perfectionnemens sociaux.

La valeur des chartes est purement relative; le bien qu'on aperçoit dans l'état et qu'on leur attribue dérive souvent d'une toute autre source.

Je suis loin de croire cependant qu'on ne doive tenir que peu de compte des chartes actuelles : toutes faibles et imparfaites qu'elles sont, elles servent de garanties aux peuples et de frein au pouvoir.

Ceux qui les ont acquises au prix de leur sang ont donc raison de les garder tant qu'ils s'imaginent en tirer quelque utilité; mais ceux qui ne les possèdent pas encore auraient tort de les considérer comme le souverain bien et de les poursuivre avec une trop vive ardeur. En toute chose la précipitation est mau-

(1) Jamais la France et l'Espagne ne donneront au monde le scandale des dernières élections anglaises.

vaise conseillère, et, en fait de constitution, elle a l'inconvénient de faire doubler en arrière les pas qu'on espérait faire en avant.

Sans doute, dans l'ordre général, les mœurs et les croyances valent mieux que les chartes pour assurer le bonheur des peuples; mais dès qu'un peuple n'a plus ni mœurs ni croyances, peut-être a-t-il raison d'écrire sur l'airain ses rapports avec le prince.

Cependant on souffle aujourd'hui sur ces graves formules, et on les efface comme si elles étaient tracées sur le sable. Cette périlleuse manie étant commune aux princes et aux sujets, les maux qu'elle cause devraient servir à la dissiper; car un peuple qui n'a pas de constitution écrite est moins à plaindre que celui qui détruit ou qui modifie la sienne tous les dix ans.

Que ceux qui se plaignent déjà de la charte de 1830 sachent qu'on est en droit de leur dire : « Vous attaquez ce pacte qui n'a encore que sept ans de durée, mais vous oubliez que l'irrévocabilité est le caractère de toute constitution; vous oubliez que c'est vous-mêmes qui avez voté ou approuvé toutes ces dispositions, qui aujourd'hui vous importunent : celles relatives à l'inviolabilité royale et celles qui confèrent le mandat législatif ne sont-elles pas votre ouvrage? Eh bien, s'il en est ainsi, souffrez donc la loi que vous avez faite! » *Patere legem quam ipse fecisti* (1).

(1) Lorsqu'un peuple commence à toucher au cens électoral, on peut prévoir qu'il arrivera, dans un délai plus ou moins long, à le faire disparaître complétement. C'est là l'une des règles les plus invariables qui régissent les sociétés. A mesure qu'on recule la limite des droits électoraux, on sent le besoin de la reculer davantage; car, après chaque concession nouvelle, les

CHAPITRE II.

De la base de l'ordre politique depuis 1830.

C'est l'usage qui décide de la valeur d'une constitution, et non la simple vue de son mécanisme ou de sa forme.

Je crois aussi que la durée des chartes ne peut être soumise qu'à un calcul de pobabilités très-diverses. Cependant, sur ce point, il est certaines règles que l'on aurait tort de dédaigner, et que l'on peut appliquer à la charte de 1830, si l'on cherche à se rendre compte de ses chances d'avenir.

La première de ces règles ou conditions de durée consiste dans la nature du point d'appui constitutionnel.

Ainsi chez nos voisins, le système des trois pouvoirs a reposé, depuis Guillaume III jusqu'à nos jours, sur l'élément aristocratique.

Aux États-Unis, c'est la démocratie qui est présentement l'axe de toute la sphère politique.

Mais quel sera parmi nous le pivot de la charte nouvelle? est-ce le peuple ou l'aristocratie? Ces deux bases sont également fausses et vicieuses. En effet,

forces de la démocratie augmentent, et ses exigences croissent avec son nouveau pouvoir. L'ambition de ceux qu'on laisse au-dessous du cens s'irrite en proportion du grand nombre de ceux qui se trouvent au-dessus. L'exception devient enfin la règle; les concessions se succèdent sans relâche, et l'on ne s'arrête plus que quand on est arrivé au suffrage universel. (Tocqueville, t. I, p. 64, *de la Démoc. en Am.*)

l'autorité morale manque à cette partie de la société qui pourrait servir à reconstituer de nos jours une aristocratie politique; et le peuple lui-même, que ses louangeurs exaltent afin d'égarer son bras, le peuple est aussi mobile que l'Océan : calme aujourd'hui, demain il est agité jusque dans ses fondemens.

Dans cet état de choses, la seule base rationnelle de la constitution ne saurait être qu'une force fixe et permanente.

Or cette force, je ne l'aperçois que dans la royauté, pouvoir essentiellement régulier et conservateur.

C'est donc sur cette base qu'il convient d'appuyer l'édifice politique de 1830; mais, pour qu'elle ne fléchisse pas sous la gravité du poids, il est nécessaire que les esprits s'habituent désormais à considérer le principe de l'hérédité royale appliquée à la dynastie nouvelle comme un dogme inviolable et hors de toute atteinte.

Il importe également que toutes les prérogatives secondaires de la couronne soient respectées à l'égal de ce privilége suprême; car, si l'hérédité de la couronne est nécessaire au repos et à la stabilité de l'état, les autres prérogatives du trône sont les garanties naturelles de sa dignité et de sa sûreté.

Cela posé, il est facile de voir que toute attaque directe ou indirecte dirigée contre les droits que la dynastie tient du vœu national sape dans sa base l'édifice entier de la constitution; or le jour où cet abri viendrait à être détruit par une cause quelconque, ce jour-là, ce ne seraient pas seulement les destinées d'une noble famille que l'on aurait troublées et compromises, l'ordre social lui-même serait en péril.

Si ces idées simples et élémentaires ont frappé les esprits sages dès les premiers jours de la révolution, comment expliquer les scrupules de certains législateurs dynastiques qui, se persuadant que la majesté royale était au-dessus de l'injure, l'ont tant de fois livrée désarmée aux attaques des factions et aux coups de ses ennemis? Était-ce préoccupation de la liberté, ou inintelligence de la charte? mais il est clair, cependant, que le fondement le plus solide de la liberté ne saurait être désormais que dans le respect des droits de la couronne, et la charte elle-même n'est-elle pas assez explicite et formelle à l'égard de l'inviolabilité royale pour se passer de commentaires?

Je crois donc que tout le monde a manqué à la prérogative depuis 1830. Les uns l'ont attaquée avec une impudence cynique, les autres n'ont su ni prévenir l'outrage ni le réprimer à temps. Je crois également que c'est à l'oubli de ces prérogatives héréditaires que nous devons, depuis sept ans, nos plus graves perturbations et nos périls les plus sérieux. Ainsi l'émeute qui a désolé nos villes, la foudre que d'odieuses mains ont tant de fois lancée sur une tête auguste, la confusion et le désordre moral auxquels nous sommes encore en proie, tous ces maux viennent de l'état de faiblesse dans lequel on a laissé l'autorité royale dès les premiers jours de son établissement.

CHAPITRE III.

De la classe moyenne comme point d'appui monarchique. — Examen du système de M. Guizot.

Je viens de dire que la royauté devait être la base de l'ordre politique actuel; mais cela ne suffit pas, il faut aller plus loin et chercher le fondement de la royauté elle-même ; car à quoi bon se préoccuper du mécanisme de la constitution si la pièce essentielle de ce grand ouvrage est faible ou mal assise ?

On a beaucoup parlé dans ces derniers temps de la *classe moyenne* comme point d'appui monarchique : un homme grave a dit à la tribune que le *moment était venu d'organiser et de constituer cette classe* (1); d'autres ont ajouté que désormais le gouvernement de l'état devait être pour elle un *droit imprescriptible*.

Mais d'abord que veut dire cette proposition de M. Guizot : Le temps est venu d'organiser et de constituer la classe moyenne ? Si ces mots ont un sens, ils impliquent nécessairement l'idée de priviléges ou droits exclusifs. Alors comment cet orateur, dont l'habileté et la prévoyance sont connues, a-t-il pu songer à restreindre l'établissement de 1830 à une classe ou catégorie sociale, qui, par le seul fait de son organisation, deviendrait le point de mire ou d'attaque des autres classes ? En effet, si jamais la classe moyenne était *constituée* de telle sorte que le gouvernement du

(1) Discours de M. Guizot, séance du 5 mai.

pays fût pour elle un *droit imprescriptible*, n'est-il pas évident que dès ce moment elle serait en état d'hostilité flagrante avec tous ceux qui seraient jaloux de lui enlever ce privilége? Or toute organisation politique qui recèle un germe de discorde ou de guerre intestine doit être proscrite comme périlleuse et sans application possible dans l'état. Mais si M. Guizot a oublié ce danger, il devait au moins se rappeler, lorsqu'il est venu proclamer son système à la tribune, qu'il s'adressait à la nation du monde la plus antipathique et la plus contraire à cette prééminence ou distinction de classe qu'il songe à faire revivre parmi nous. Il devait se rappeler que toute la révolution de 89 s'est faite au profit de l'unité sociale contre le vieux système des classifications et du privilége. Alors comment croire que cette révolution qui a détruit violemment toutes les classes supérieures a eu pour but de leur substituer une classe nouvelle, n'ayant de son côté ni la gloire du passé, ni les services rendus, ni l'éclat des manières, ni l'élévation des sentimens qui furent le partage de l'ancienne aristocratie? comment croire que tant de proscriptions, tant d'infortunes, tant de sang répandu et de batailles données sur tous les coins de l'Europe, n'ont eu pour but que le triomphe de la bourgeoisie, c'est-à-dire l'organisation politique d'une classe née du peuple et reniant le peuple?

Un tel résultat ne serait qu'une misérable dérision, capable de faire condamner à jamais l'esprit révolutionnaire et ceux qui le propagent.

Mais repoussons cette idée qui suppose que ce grand mouvement des masses ne s'est accompli que pour substituer une sorte de féodalité de comptoir à celle des barons de l'ancienne monarchie.

Repoussons cette idée qui tend à faire naitre des priviléges nouveaux sur les ruines de ceux que le bras de nos pères a renversés et détruits. L'unité nationale et l'égalité des droits, voilà, je le répète, toute la révolution de 89, ou du moins les seules de ses conséquences morales qu'il faille consacrer et maintenir parmi nous ; car, sans ce résultat, cette révolution ne serait plus qu'une insolente jacquerie que d'imbéciles monarques n'auraient su ni châtier ni réprimer à temps. Mais, si la révolution ne peut être envisagée que sous le double point de vue de l'unité et de l'égalité sociale, comment admettre la constitution politique d'une classe moyenne sans attaquer dans sa source ce même principe d'unité qui fait encore aujourd'hui la gloire et la force de l'état ?

Sans doute de tels projets ne sont que d'innocentes chimères tant que l'on se borne à les exposer à la crédulité facile d'un auditoire de Sorbonne ; mais ils sont pleins de périls lorsqu'on les proclame du haut de la tribune nationale en face d'un grand peuple qui a le sentiment de sa force et celui de ses droits.

Mais tel fut de tout temps le défaut des hommes d'exception appelés au gouvernement de l'état ; leur naturel les trahit et les décèle partout.

Ainsi le légiste, dont la famille est si nombreuse dans nos assemblées politiques, le légiste se croit toujours au greffe ou dans le prétoire; la forme étant souveraine à ses yeux, il se plaît sans cesse à travers ses défilés et ses obscurs détours : de là les éternels débats et les stériles sessions auxquels nous assistons.

Le professeur croit régenter ses disciples alors qu'il s'adresse à un peuple viril et fort, et du haut de la tribune il dogmatise, il décide comme s'il était dans sa chaire aux prises avec les théories ou les souvenirs du passé; il oublie que c'est la réalité qui le presse, et que ce sont des faits actuels qui l'entourent.

L'homme de guerre ne voit qu'un camp dans la société civile, et souvent il s'indigne de ne pouvoir faire régner dans cette multitude agitée par tant de passions et de besoins divers le calme et la discipline que sa volonté impose à cent mille soldats.

On ne saurait nier que ce sont ces instincts contraires qui, venant à se manifester au sommet de l'état, entretiennent une partie du désordre et de la confusion que nous voyons. Le pouvoir suprême sait combien la France a déjà souffert de ces hommes à spécialités déclassées; il serait temps qu'il songeât sérieusement à ne les employer que dans leur ordre respectif, et qu'il réservât pour lui seul le soin de certaines généralités qui, formulées et coordonnées d'une manière uniforme, formeraient le système politique de l'état. Ce privilége ou plutôt ce droit est celui de la couronne, car elle seule est gardienne de l'unité sociale, précieux dépôt trop souvent violé depuis 1830, et que les partisans eux-mêmes de la prérogative n'ont pas toujours su respecter.

Mais laissons cette digression, et revenons à l'objet de ce chapitre, qui est de déterminer le point d'appui de la monarchie nouvelle. A cet égard, je conclurai contre M. Guizot en invoquant l'expérience qui a démontré cent fois que les gouvernemens faibles sont ceux qui s'isolent et se restreignent à une classe ou catégorie sociale, tandis que les gouvernemens forts et stables sont ceux qui, élargissant leur base, l'établissent, non sur le concours d'une classe, mais sur celui de toutes les classes et de tous les droits.

Ainsi donc s'il est un pouvoir possible aujourd'hui, c'est celui qui appellerait à son aide toutes les forces vives de l'état, et qui lutterait sans cesse en faveur de l'universalité des citoyens contre les tendances égoïstes des intérêts exclusifs. S'il est un pouvoir possible, c'est celui qu'aucune faction de la société ne pourrait revendiquer comme son œuvre, c'est-à-dire comme un instrument de suprématie ou de domination, mais que la grande masse national sentirait toujours disposé à la soutenir dans le double intérêt de sa prospérité et de son indépendance. Un pouvoir ainsi conçu et dirigé serait constitué comme ces édifices de granit qui défient les siècles.

Eh bien! c'est avec ces conditions de force et d'avenir qu'a été fondée la dynastie de 1830; car il ne faut pas oublier que cette dynastie est pour le pays un fait de nationalité, et non de privilège ou d'exception. Or, si tel est le principe de la monarchie nouvelle, comment croire à l'habileté ou à la sincérité des doctrinaires, qui s'efforcent de lui faire perdre ce caractère de généralité, qui seul assure sa stabilité au dedans et sa force au dehors ?

CHAPITRE IV.

Double erreur de M. Guizot au sujet de la classe moyenne.

Le projet de constituer une classe moyenne parmi nous étant tout le fond de la doctrine actuelle de M. Guizot, je m'étonne que dans ces derniers temps l'on se soit si fort préoccupé de cet homme politique, et si peu de la partie systématique de ses idées ; mais, si l'on a négligé la théorie de M. Guizot pour aller fouiller sa vie passée, vie pure et remplie par de savantes veilles, c'est que dans les temps de parti la passion parle plus haut que la raison ; c'est qu'il est plus facile peut-être d'exhumer des faits insignifians, tels que le voyage de Gand, que de prouver en quoi les tendances de ce publiciste sont menaçantes pour les conquêtes de la révolution et dangereuses pour la royauté elle-même. J'insisterai donc sur ce système *d'une classe constituée* : l'influence de son auteur et la gravité du sujet me feront pardonner quelques nouveaux développemens.

J'ai dit précédemment que la forme seule du projet doctrinaire était blessante pour l'unité nationale, je vais essayer de démontrer que le fond du système repose sur deux erreurs. La première est dans la valeur morale qu'il plaît à M. Guizot d'attribuer à la classe moyenne. La seconde résulte de la confusion qu'il fait à l'égard de ces mots *classe moyenne*, de deux rapports opposés et distincts, l'un politique et l'autre purement civil. À l'égard de la valeur actuelle de la *classe moyenne*, je demanderai s'il est vrai que ceux de cette classe soient réellement et à juste titre en possession de cette autorité ou influence morale qui ne doit être partout que la récompense de hautes vertus ou d'éclatans services. M. Guizot lui-même croit-il à la réalité de cette influence? Il y croit si peu, que sans cesse il reproche à la bourgeoisie ses *instincts étroits, égoïstes*, ses *dispositions révolutionnaires et envieuses*, et son scepticisme en toutes choses. Il me semble qu'une portion de la société à laquelle on est en droit d'adresser de pareils reproches est un élément de pouvoir à la fois peu digne ou peu sûr. Cependant, malgré ces griefs, M. Guizot reste sous le charme de sa prédilection ou de son système. Sa bonne foi lui fait soulever un des coins du voile; mais sa passion lui cache le fond du tableau. Que serait-ce donc si, libre de toute préoccupation, il parcourait les rangs si variés de cette bourgeoisie qu'il songe à constituer? que serait-ce s'il voyait une partie des membres de ce grand corps livrés aux influences du matérialisme et en proie aux mauvaises passions qu'il déteste? ah! sans doute, à l'aspect du profond désordre qui travaille cette classe il serait saisi de douleur, et il regretterait que la passion de l'homme politique ait si long-temps aveuglé le philosophe et le moraliste.

Il serait loin de croire que l'esprit de charité et de

dévouement soit aujourd'hui enraciné dans la bourgeoisie au point de lui assurer sur le reste de la société une juste et légitime prééminence! Il serait loin de croire que les vertus civiques soient le partage exclusif d'aucune classe. Ces vertus sont rares et disséminées, et si de jour en jour elles deviennent plus douteuses et plus faibles, c'est que chez les peuples où l'individualisme domine, l'esprit public s'éteint.

A l'égard de la seconde erreur de M. Guizot, celle qui porte sur le fait de sa classification, peu de mots suffiront pour l'établir. On sait en général que les hommes sont classés naturellement dans l'ordre civil par leurs professions, par leurs usages et leurs mœurs, rien n'est plus légitime que ces sortes de distinctions, elles existent chez tous les peuples : on les retrouve jusque dans l'Amérique du Nord, c'est-à-dire au sein de la démocratie la plus réelle et la plus complète qui se soit encore vue dans le monde. Sur cette terre d'ombrageuse égalité, nul ne s'est encore avisé de protester contre des distinctions qui, fondées sur des faits, sont aussi variées et aussi nombreuses que les besoins de la société elle-même; mais il y a loin de ces inévitables conditions de l'ordre civil à une classification politique, qui, brisant l'unité sociale en deux ou trois parts, confisque au profit de quelques-uns les droits de tous; or, il faut le dire, c'est à ce résultat que conduit fatalement et par une pente rapide le système des *classes constituées*. L'expérience démontre que toute classe ou caste, par le seul fait de son organisation ou de sa constitution politique, tend à se restreindre, à se concentrer, à s'isoler de la masse, en un mot, à faire prévaloir l'esprit et l'intérêt de la corporation sur l'ensemble des droits et des besoins sociaux. Il est des époques où le législateur évite difficilement ces sortes d'écueils. Mais en 1830 l'état des esprits et les progrès de la raison publique étaient depuis long-temps au-delà d'un obstacle de cette nature; aussi les droits politiques ne sont de nos jours le partage d'aucune fraction nominative de la société, ils appartiennent indistinctement à tous les Français. Chacun est libre de les exercer, à des conditions qui ne sont ni restrictives du droit et encore moins exclusives de la personne : ces conditions ou garanties, créées dans un pur intérêt d'ordre et de stabilité, sont loin d'être immorales et injustes, comme on le répète sans cesse; c'est le contraire qu'il faudrait dire, puisqu'elles excitent les citoyens au travail, en leur assignant comme récompense l'exercice de leur droit.

Ainsi, loin de créer des priviléges ou exceptions dans l'ordre politique, la charte a maintenu l'unité sociale, que le système des classes constituées a pour effet de détruire.

Je sais bien que M. Guizot objecte qu'il ne songe nullement à établir des catégories exclusives; mais s'il maintient le projet de constituer une classe moyenne, à quoi servent ses dénégations? elles prouvent seulement qu'il est embarrassé des conséquences de son principe; mais elles ne prouvent pas qu'il rétracte le principe lui-même. Or, pour nous convaincre de cette vérité, écoutons M. Guizot lui-même justifier

sa proposition du 5 mai : « Quand j'ai parlé, a dit cet
» orateur, de la nécessité de constituer et d'organiser
» la classe moyenne, m'a-t-on entendu dire où elle com-
» mençait, où elle finissait? Je m'en suis soigneusement
» abstenu. Je ne l'ai distinguée ni d'aucune classe su-
» périeure, ni des classes inférieures; jai simplement
» exprimé ce fait général qu'il existe au sein d'un
» grand pays comme la France une classe qui n'est
» pas vouée au travail manuel, qui ne vit pas de sa-
» laire, qui a de la liberté et du loisir dans la pensée,
» qui peut consacrer une partie considérable de son
» temps et de ses facultés aux affaires publiques; qui
» a non seulement la fortune nécessaire pour une pa-
» reille œuvre, mais qui a en même temps les lumières
» et l'indépendance sans lesquelles cette œuvre ne
» saurait être accomplie (1). »

Eh quoi ! est-ce ainsi que vous expliquez votre système? Vous admettez la nécessité de constituer une
classe moyenne, et vous refusez de la distinguer d'aucune autre classe? Mais que voulez-vous dire? est-ce
qu'un terme moyen peut exister sans ses termes cor-
rélatifs? est-ce qu'il est possible de prendre une portion de la société comme un fait *à priori*, et de l'isoler
de ses rapports nécessaires et essentiels? Évidemment,
ce qui serait absurde dans l'ordre logique des idées
peut-il être raisonnable dans un sens purement politique? *Vous vous abstenez de distinguer*, dites-vous!
Je conçois ce scrupule; mais comment ne pas voir que

(1) Discours du 5 mai.

la crainte de vous perdre sur un écueil vous fait donner sur un autre, et que vous arrivez, à votre insu
peut-être, à ne distinguer dans l'état que des pauvres
et des riches? distinction funeste, qui n'est que trop
réelle dans l'ordre civil, mais qu'un homme d'état
prévoyant aurait dû se garder de transporter dans le
domaine politique, car c'est amener la question sur le
terrain où les anarchistes l'attendent. Ils savent que
ces mots de *pauvre* et de *riche*, par le fait de la constitution actuelle du travail et des salaires, recèlent
les périls à venir de l'ordre social : or ils se réjouissent
de voir un homme tel que M. Guizot, un homme d'une
raison ordinairement si sûre et si élevée, arriver par
esprit de système à cette classification où les a con-
duits l'esprit de désordre.

En résumé, ce projet se réduit, comme on le voit,
à ne distinguer dans l'état que deux classes d'hommes, et à régler leurs lots respectifs : à ceux qui ont
des richesses et du loisir, le pouvoir et les délices sociales; aux hommes de labeur et de salaire, le poids
du jour et l'ilotisme politique. Ce partage, qui date
de loin, pouvait se passer de la sanction de M. Guizot; Saint-Simon lui-même, dans son système de ré-
novation ou plutôt d'anarchie sociale, n'admettait
aussi que deux seules catégories : les oisifs et les travailleurs. Mais que cette distinction vienne d'un
homme de tribune, ou d'un novateur enthousiaste,
elle est également dangereuse, car elle divise la société en deux camps : dans l'un elle place la minorité
des censitaires, et dans l'autre la majorité des hommes

de salaire. Or, par le fait d'un tel partage, n'est-il pas évident que la minorité sociale se trouve à la merci des factieux sans cesse occupés, dans les temps de crise, à exciter les travailleurs, à se compter par tête et à se ruer contre elle? Si M. Guizot ne voit pas ce danger, il a d'étranges préoccupations; s'il l'aperçoit et qu'il le brave, il devrait nous dire sur quelle force il compte pour le combattre.

CHAPITRE V.

Causes d'affaiblissement de la classe moyenne, inaperçues de M. Guizot.

Sans doute, aux yeux de M. Guizot, cette force est toute trouvée : elle gît dans l'intelligence et dans le bras de la bourgeoisie. Mais ne se trompe-t-il pas sur la valeur actuelle de cette classe? Habitué à chercher dans le présent l'image du passé, M. Guizot juge la bourgeoisie d'aujourd'hui par ses souvenirs de la Restauration; il se rappelle ce qu'il a vu, et il oublie ce qui est. Ces illusions, qui tiennent à la tournure d'esprit et aux préoccupations historiques de l'honorable orateur, sont une des causes du vice de son système. Ainsi M. Guizot ne voit pas ce fait, qui est évident pour tous, à savoir, que la bourgeoisie ne fut forte et redoutable sous la Restauration que par son union avec les classes populaires. Placée à cette époque en tête de masses, elles marchaient de concert comme un bataillon compacte et discipliné. Organisée à la fois pour l'aggression et la résistance, la bourgeoisie allait partout, faisant appel aux passions et aux instincts révolutionnaires; aussi, quand le moment de porter un coup décisif fut venu, elle n'eut qu'un signe à faire, et le bras du peuple, levé derrière elle, tomba comme une massue sur la tête des vieux Bourbons.

La situation est changée : la classe moyenne, de révolutionnaire qu'elle était, a dû se faire conservatrice et monarchique. Ses instincts de vanité et de jouissance lui imposent désormais d'autres lois, d'autres règles, et aussi d'autres devoirs. Ce sont ces dispositions nouvelles que M. Guizot songe à régulariser et à mettre à profit. Mais il ne suffit pas de vouloir établir au sein de l'état un corps conservateur; en politique, pour conserver, il faut de l'union et de la force. Or, je le demande, où est la force de la bourgeoisie, aujourd'hui qu'elle a jeté loin d'elle le levier populaire? où est son union depuis son triomphe?

CHAPITRE VI.

Incertitude des principes de l'école doctrinaire.

Les inconséquences qui se révèlent à chaque pas dans le système que je combats viennent de l'incertitude des principes de la *doctrine*. Cette secte politique n'est fixée sur rien, ni sur l'origine du pouvoir, ni sur ses formes. Pressée entre la souveraineté du peuple et le droit divin, elle s'échappe à l'aide d'un subterfuge ; elle a recours à une souveraineté intermédiaire, celle de la raison, c'est-à-dire qu'à des principes arbitraires et abstraits elle substitue une autorité qui n'est pas moins orgueilleuse et incertaine. En effet, quelle sorte de tyrannie ne s'est imaginée avoir la raison pour fondement de sa puissance ou pour appui de ses actes ? Quelle sorte d'usurpation n'a cru apercevoir au fond de son berceau cette apparente mais douteuse légitimité ? Lorsque, chaque jour, nous voyons les moindres actes de l'homme soumis à ses passions ou à son intérêt, ne faut-il pas une étrange présomption pour faire dériver de la raison seule le fait le plus général et le plus variable de l'humanité, celui qui *constitue* le pouvoir ?

Tenons donc pour certain qu'il n'y a de nos jours que deux sortes de dépositaires de l'autorité : ceux qui croient la tenir de Dieu (1), et ceux qui l'ont reçue des mains mêmes du peuple.

Je ne vante ni l'une ni l'autre de ces sources de la puissance, car le bien et le mal, la liberté et l'oppression peuvent en sortir, selon les temps et les princes qui gouvernent.

Le mérite de la *souveraineté du peuple* et *du droit divin*, ou plutôt le caractère spécial de ces dogmes, c'est de s'ériger en formules nettes et exclusives, et de servir de bannière à deux classes d'hommes éternellement en lutte dans le monde : ceux qui jouissent

______
(1) *Omnis potestas a Deo,* disent les absolutistes.

du présent, et ceux qui en souffrent; ceux qui veulent le maintenir, et ceux qui aspirent à le renverser.

Mais si le pouvoir politique n'a que deux sources connues, il n'a également que deux formes principales : la forme aristocratique et la démocratique. La royauté, restreinte ou libre, n'est elle-même qu'un des modes de ces élémens constitutifs. Il serait donc absurde de croire qu'un peuple qui n'a pas d'aristocratie pût se passer d'un roi, ce serait une raison de lui en donner un, car il servirait de lien au faisceau, et il en retiendrait les parties désunies. Si ce peuple, composé d'une seule classe de citoyens, avait certaines lumières, et surtout s'il possédait celles que donne une longue expérience politique, la royauté serait plus forte et plus en sûreté chez lui que toutes celles que le hasard a entourées de feudataires et de vassaux.

L'école doctrinaire n'a pas su comprendre, de nos jours, cette vérité. Après avoir cru trouver une troisième source du pouvoir, elle s'est mise en quête d'une forme politique nouvelle. Elle a imaginé la *polycratie* pour servir de cortége au principe de la *souveraineté de la raison*. Mais que veut dire cette dénomination? est-ce un milieu entre l'aristocratie et le peuple, ou une forme à part et exclusive? Mais quels que soient le sens et la valeur de ce terme, je demanderai par quel moyen on se réserve d'empêcher que ce gouvernement *polycratique*, ou de plusieurs, ne devienne pas une oligarchie véritable, c'est-à-dire la branche la plus faible et la plus corrompue de l'arbre aristocratique? Comment prévenir le mélange ou la confusion de ces formes, si toute la différence de l'une à l'autre porte sur ces mots, *plusieurs,* ou *quelques-uns?* Or, si ces différences sont si légères, qui les jugera? et en quoi des restrictions qui ne varient que de quelques unités peuvent-elles changer, en matière de gouvernement, la nature des choses et des idées reçues? Ici les subtilités de la doctrine naissent en foule; mais gardons-nous de les suivre, si nous ne voulons nous égarer sur leurs traces.

CHAPITRE VII.

La France use ses forces dans des discussions de formes : les doctrinaires ont contribué à cette mauvaise direction donnée aux esprits.

Cependant c'est dans ces querelles de mots et de formes que nous nous trainons depuis sept ans, nous usons nos forces dans ces discussions de Bas-Empire, et nous ne voyons pas que l'Europe nous contemple avec une secréte joie et un insolent orgueil; nous ne voyons pas que la France elle-même, affligée de ces luttes de la basoche et de la doctrine, attend vainement la solution des questions sociales sans cesse promise et toujours pendante, mais rien ne se résout tant que les sophistes ou les rhéteurs dissertent (1).

Au reste, si l'on discute si ardemment sur la forme, que l'on ne s'imagine pas que ce soit par amour pour

(1) Grammatici certant, et adhuc sub judice lis est. Hor.

elle, ou pour le vain plaisir de faire assaut de belles paroles. Jamais peut-être un égoïsme plus profond et des intérêts plus secs ne se sont cachés sous le vernis du langage, jamais la forme n'a servi plus grossièrement à déguiser les appétits de toutes sortes qui abondent de nos jours.

Mais que l'on y prenne garde, dans un temps où l'habileté constitue la plus grande part des ressources morales de chacun, il reste peu de choses pour défendre l'honneur et l'indépendance de tous. Or que deviendrait le pays si ces biens précieux venaient à être mis en péril? que deviendrait-il s'il avait besoin tout-à-coup de l'usage de ses forces pour repousser une invasion ou une coalition extérieure? Il arriverait peut-être qu'on le trouvât lié et affaibli, comme je ne sais quel géant que des pygmées avaient garrotté pendant son sommeil; car il en est des questions politiques comme des lacets de la chicane, lorsqu'elles masquent des passions cupides, elles étouffent sous d'éternels replis jusqu'aux principes les plus énergiques de vitalité et d'action.

Les doctrinaires ont singulièrement contribué pour leur compte à propager cette polémique égoïste et bavarde dont la France se lasse à bon droit. Venus dans un temps de trouble et d'anarchie, ils se sont donnés comme les restaurateurs de l'ordre social. Leur ton dogmatique et une certaine raideur de formes ont dû contribuer à les faire accepter sur parole. Aussi, à peine reconstitués et organisés en petite église, leur zèle, qui ne cherchait qu'à se répandre, n'a plus connu de bornes. Les idées morales, la monarchie, la liberté elle-même, ils ont voulu tout restaurer et tout refaire; mais qu'ont-ils fait? ils ont bourdonné comme la mouche du coche, et le char de l'état a marché sans eux et souvent même malgré eux.

Mais, disent leurs adeptes, n'ont-ils pas contribué puissamment aux lois de septembre? Je suis loin de nier cette coopération, j'accorde même qu'elle fut plus active que celle d'aucune autre fraction de la chambre. Mais, de quelque côté qu'elle vienne, l'habileté qui pare après le coup a-t-elle droit de se glorifier? C'était l'attentat du 28 juillet qu'il eût fallu prévenir en réprimant énergiquement les scandaleux excès qui l'ont provoqué. Si les doctrinaires savaient que le respect de la prérogative est pour la couronne le plus impénétrable des boucliers, pourquoi ont-ils attendu, pour forger au roi une armure légale, que les factieux fussent à bout d'insultes et d'outrages à sa personne? S'ils ignoraient cette vérité élémentaire, que devons-nous penser de leur sagesse politique?

Mais aujourd'hui nul n'a le droit de vanter son zèle en faveur de la sécurité personnelle du monarque. Pendant la longue tourmente que nous avons traversée, Dieu seul a sauvé le roi; quatre fois une main invisible a détourné de cette tête auguste le plomb des plus vils factieux; quatre fois la Providence a voulu nous avertir par cette merveilleuse consécration qu'elle réservait la dynastie nouvelle pour les destinées futures de la patrie. Ce témoignage éclatant de la protection divine n'a échappé à personne en Europe, il a pénétré le roi lui-même d'une religieuse émotion; car, à peine échappé aux embûches de ses ennemis, ce prince s'est hâté de faire descendre du trône la clémence sur ceux qui l'avaient si long-temps et si odieusement calomnié; il a pardonné à ces hommes qui n'avaient respecté ni son honneur, ni sa vie, ni ses affections les plus saintes. Ah! sans doute la postérité redira et ces longues souffrances et cette magnanimité toute royale. Mais il ne suffit pas de cette justice tardive de l'histoire. L'inspiration qui a donné l'amnistie ne doit pas être perdue pour le temps actuel; il est nécessaire qu'elle profite à tout le monde, aux partis dont elle calme les ressentimens, au trône dont elle a raffermi la base, et enfin à l'avenir du jeune couple dont elle a si dignement consacré l'union.

CHAPITRE VIII.

Du Quinze avril : époque nouvelle. — De la majorité et des ministères.

Cette clémence du roi a déjà porté ses fruits. Depuis six mois, un changement, notable s'est opéré dans les esprits. Ce changement, qui forme la ligne de séparation entre la politique systématique et passionnée des doctrinaires, et celle plus souple et plus conciliante du 15 avril, laissera dans l'histoire du règne actuel une trace aussi profonde que celle du 13 mars lui-même. Mais si l'on veut que le sillon commencé par la main de M. Molé ne soit pas stérile, il importe de maintenir les hommes qui sont à l'œuvre, car il n'est pas de champ plus ingrat que celui dont on renouvelle les ouvriers chaque jour.

Une fois qu'on aura compris le danger et le scandale de ces perpétuelles révolutions de cabinet, il sera nécessaire de s'attacher à faire prédominer les idées sociales sur les questions politiques et révolutionnaires. Ce besoin est le plus impérieux de l'époque, c'est celui que réclament tous les amis du pays, tous ceux qui sont fatigués de voir ses forces détournées de leur but, et une partie du temps des sessions consumée dans de vains débats.

Mais quel moyen de maintenir un ministère avec la théorie actuelle des majorités? quel moyen de le rendre assez ferme pour qu'il ne se brise pas chaque année contre l'écueil de l'omnipotence élective? Cette question, considérée de ce point de vue, me semble insoluble; en effet, si l'on admet que le ministère doit subir toutes les oscillations de la majorité et se transformer au gré de ses caprices, je ne sache aucun gouvernement possible à cette condition. Comment introduire l'ordre et l'unité dans la marche des affaires, comment recueillir de la force au dedans et de la considération au dehors, si l'instabilité est perpétuelle au sommet de l'état? évidemment tous les efforts tentés dans ce but échoueront contre des obstacles qui renaîtront chaque année et à chaque session.

Ces obstacles n'effraient pas certains fanatiques de l'omnipotence élective : la chambre est souveraine, disent-ils, et à ce titre elle doit être obéie. Mais si le droit de la chambre est absolu, que deviennent les droits et prérogatives des autres corps de l'état? et comment concilier la hiérarchie des pouvoirs avec cette suzeraineté tacite que s'arroge celui d'entre eux qui occupe la troisième place sur l'échelle politique? On objecte que ce classement des pouvoirs n'est que fictif, et que c'est la réalité en définitive qui domine. Je ne nie pas cette puissance du fait, mais il serait bon de ne pas oublier celle du droit; car en ne tenant compte ici que de la force virtuelle de la chambre élective, on arrive nécessairement à une royauté nominale, à une pairie impuissante et à un parlement qui gouverne. Alors se réalise l'adage si connu : *le roi règne, mais ne gouverne pas*, maxime absurde que l'on nous donne comme un souvenir des fictions de la charte britannique, et qui ne rappelle parmi nous que celui des rois fainéans et des maires du palais : maxime subversive de tout ordre politique, et aussi contraire aux intérêts du pays qu'au tempérament viril et actif de nos princes. Cependant nous ne manquons pas d'honnêtes gens pour lesquels toute formule tranchante est décision d'oracle, rappelons à ces hommes qui veulent les bénéfices de la royauté, et qui repoussent ses inévitables conditions, rappelons-leur que le principe qui a contribué à détruire l'ancienne dynastie ne saurait servir à consolider la nouvelle; qu'ils sachent aussi que ce principe qu'ils invoquent a sa source dans un autre qui n'est pas moins faux et dangereux, à savoir l'omnipotence de la chambre élective. En effet, ce mot d'omnipotence ne peut et ne doit s'entendre que du libre concours des trois pouvoirs de l'état; mais si on l'applique à l'action d'un seul d'entre eux, c'est le despotisme ou l'anarchie.

CHAPITRE IX.

De l'instabilité ministérielle et de ses dangers. — Moyens de la prévenir.

J'ai dit plus haut que l'instabilité ministérielle était une des calamités de l'époque; on convient généralement de ce fait; mais comment remédier à ce mal et tarir la source qui le propage? est-ce en résistant à la majorité comme a fait Charles X, ou en se plaçant à sa suite, comme il est arrivé depuis 1830? Cette alternative est également dangereuse, car elle mène aux coups d'état populaires ou à l'affaiblissement graduel de l'autorité royale. Il n'est qu'un moyen de remédier à l'instabilité du pouvoir, autant que peut le permettre toutefois la mobilité maladive de l'époque. Ce moyen, qui est affaire de réglement et de présidence, consiste à changer le régime des discussions de la chambre et à substituer aux questions purement politiques et révolutionnaires les questions d'utilité ou d'intérêt pratique : les unes n'ont servi jusqu'à ce jour qu'à établir la prééminence des rhéteurs et des légistes; les autres, en donnant satisfaction aux besoins sociaux, remettront le pouvoir en pleine jouissance de son initiative et le rendront maître de la majorité; alors on ne verra plus les ministres de la couronne venir demander à la chambre *quel système elle désire qu'ils adoptent, quelle marche* elle veut leur indiquer; en un mot on ne verra plus la prérogative royale aux pieds de la majorité, mais au-dessus d'elle. Cette domination toute morale et purement hiérarchique que je désire pour la couronne est le seul frein possible aux ambitions subalternes qui, affluant de toutes parts dans la chambre élective, tendent à la transformer en une arène où bientôt l'on ne verra plus que le pugilat honteux des intérêts privés.

En effet, quand la chambre gouverne, les ambitieux de tous étages et de toutes couleurs se pressent dans son sein; la tribune est pour les uns comme un marche-pied d'où ils se hissent aux emplois, et pour d'autres le véhicule qui doit les conduire à une popularité factieuse.

Quand la chambre gouverne, elle se divise, elle se fractionne en autant de coteries qu'elle a de bancs. La coterie politique est un petit cercle où les vanités en souffrance et les ambitions qui attendent viennent échanger leurs doléances et se jurer mutuellement appui et fidélité. Chacune de ces bandes a son chef, son drapeau, son mot d'ordre et de ralliement, et selon que ses conditions d'assistance sont accueillies ou rejetées, elle soutient le pouvoir ou guerroye pour son compte.

Nous avons eu le spectacle de majorités ainsi faites, majorités à charge au pays et plus onéreuses encore au pouvoir qu'elles appuient; car avec de pareils élémens, un ministère ne sait jamais la veille où il ira, ni ce qu'il fera le lendemain; il marche, il agit au hasard, et il se traîne ainsi jusqu'au jour où la coalition de ces passions mécontentes le renverse.

L'état de coterie est donc le dernier terme de décomposition morale où la chambre puisse tomber; lorsqu'elle est arrivée à ce degré d'affaissement, le pouvoir n'a d'autre alternative que celle de la dissoudre ou de partager sa faiblesse. Sans doute, la dissolution est un acte grave et auquel la couronne ne doit se résoudre qu'avec une certaine inquiétude; mais, quelque naturelles que soient ces répugnances, elles doivent céder devant l'opportunité de la mesure; car ce mot d'opportunité est lui-même la destinée tout entière de l'élection nouvelle.

Or, si le mérite de la dissolution est dans le choix du moment, il faut convenir que jamais occasion plus propice ne s'est offerte à la couronne pour consulter l'opinion, que cet instant de calme qui est le premier dont nous jouissions depuis sept ans. En effet, sur tous les points, le pays est tranquille, les factions découragées sont assoupies, et le souvenir des mauvais jours s'efface de plus en plus; évidemment un pouvoir habile ne pouvait laisser échapper un moment aussi favorable au renouvellement de la chambre élective. On a parlé de comité-directeur, de mandats impératifs, de coalition de minorités; mais ces menaces, dont l'effet pouvait s'accomplir dans deux ans comme aujourd'hui, s'évanouiront ainsi qu'une vaine fantasmagorie au grand jour du scrutin, et de tout ce bruit il ne restera que l'impuissance avérée des partis, qui d'ordinaire grossissent leur voix en raison même de la surdité du pays. Un obstacle plus sérieux paraît avoir balancé la dissolution : c'est l'état de l'Espagne; mais cette complication de la question espagnole était, ce me semble, une raison de plus qui devait militer en faveur de cette mesure. En effet, soit que la France doive garder encore une prudente neutralité, soit qu'il faille intervenir dans les dissensions de ce malheureux pays, l'ancienne majorité eût été aussi impuissante à appuyer le *statu quo* qu'à couvrir de sa responsabilité toute mesure ultérieure du gouvernement; elle eût laissé le pouvoir seul et à découvert en présence de certains événemens qui, pouvant surgir d'un instant à l'autre, exigeront de sa part une énergique et prompte décision. Or, dans une telle prévision, une majorité retrempée et rajeunie doit être le premier besoin de la couronne et du pays.

La dissolution est donc un acte de fermeté et de sage prévoyance; l'opinion l'a compris ainsi, car elle s'est montrée partout favorable à cette mesure; mais, dans un moment où tous les partis s'efforcent d'égarer et de capter ses suffrages, il serait imprudent de l'abandonner à elle-même, car on sait que rien n'est plus mobile et plus capricieux parmi nous que ce protée politique. Si le ministère est pénétré de cette vérité, qu'il intervienne donc dans le conflit électoral, mais surtout que son intervention soit nette et énergique, car à cette condition seule il sera maître d'en déterminer l'issue. Les uns lui ont conseillé certaines exclusions, d'autres une neutalité absolue. Il est seul juge des exclusions nécessaires aujourd'hui; mais, à l'égard de la neutralité qu'on lui demande, j'aime à croire qu'il recevra cet avis ainsi qu'un général brave et valide, auquel on conseillerait le repos de la tente le jour du combat. Non, certes, le cabinet ne sera pas neutre en présence des coteries luttant pour ses dépouilles, et des factieux bravant à la fois et le trône et les lois au sein des colléges; non, il n'abdiquera ni sa force ni sa dignité dans un moment où tous les genres d'attaques et toutes les sortes d'ennemis vont fondre sur lui. Il descendra dans la lice avec le drapeau de l'amnistie, et autour de cette sympathique devise il essaiera de rallier tous ceux qui ont à cœur le maintien de la dynastie et la fin de nos tristes discordes. Mais, si ce programme de paix et de conciliation n'est qu'une chimére rêvée par de nobles cœurs, et si la banniére qui le porte doit être foulée aux pieds dans la mêlée électorale, eh bien! que ceux qui ont tendu aux partis le rameau d'olivier se souviennent qu'ils savent aussi manier le glaive; mais pour le tirer qu'ils n'attendent pas qu'ils soient entourés de leurs ennemis et dominés de toutes parts, qu'ils n'attendent pas pour prendre position que le dernier scrutin ait prononcé contre eux! Dans les luttes politiques, si l'initiative est à la fois une preuve de courage et d'habileté, qu'ils agissent donc les premiers contre deux sortes d'hommes : les factieux et les gens de coterie; les uns troublent l'état, les autres paralysent et déconsidérent le pouvoir; les factions sont acharnées, implacables, mais les coteries sont tracassiéres, étroites, et comme un dissolvant qui mine et affaiblit tous les ressorts de l'état. Un pouvoir énergique avec des factions pour ennemies peut faire parfois de grandes choses, mais avec des coteries pour appui, il n'en fera jamais que de petites. Or, lesquels valent mieux, des dangers ou des petites choses dans un commencement de dynastie?

CHAPITRE X.

L'ancienne majorité du 13 mars peut-elle revenir sans modification.

Un journal dont le tact politique est très-fin, et dont l'influence sur la marche des affaires n'est pas sans autorité, a redemandé l'ancienne majorité du 13 mars. Mais dans quel but l'exhumation de cette majorité défunte? est-ce dans un but monarchique et constitutionnel, ou dans un intérêt de parti et de circonstance? Si c'est dans une pensée de bien public que l'on fait une telle demande, on devrait se rappeler que chaque époque a ses conditions qu'il faut comprendre, et selon lesquelles il est nécessaire d'agir et de gouverner. Or, depuis le 13 mars, le temps a marché, les événemens se sont succédé et les nécessités d'aujourd'hui ne sont plus celles qui se faisaient sentir alors que le tambour appelait tous les matins les citoyens à la défense des lois et des institutions menacées. Les écrivains qui dirigent les *Débats* savent cette vérité mieux que personne, car, pour s'en convaincre, ils n'ont qu'à jeter les yeux sur leur polémique actuelle et la comparer aux luttes vives et incessantes qu'ils soutenaient, il y a cinq ans, contre l'esprit de désordre. Eh bien! si tout est changé depuis cette époque, comment ne pas voir que les hommes et le système qui convenaient dans un temps de trouble et de guerre civile ne conviennent plus dans un temps d'ordre et de paix? Comment ne pas voir surtout que la question de dynastie, qui se vidait alors sur la place publique, est décidée sans retour, et qu'il ne s'agit plus aujourd'hui que de consolider et de maintenir les conquêtes que l'ordre et la liberté ont faites depuis sept ans, conquêtes pénibles mais glorieuses, et en faveur desquelles les écrivains dont je parle n'ont pas été les derniers à combattre?

Or, si le but de la politique actuelle doit être de conserver ce qui est acquis, quels sont ceux qui conviennent le mieux pour une telle œuvre? sont-ce les hommes des temps de lutte et d'action? non, évidemment, car certaines habitudes prises, et la passion qui survit d'ordinaire à la chaleur du combat pourraient les égarer en trompant leur jugement. Les hommes qui conviennent à l'œuvre de pacification qui commence, en un mot les véritables conservateurs aujourd'hui, ce sont ceux-là seulement qui se sont associés à la clémence royale, et qui, loin de désespérer de l'amnistie, ont vu dans cet acte de haute sagesse le signal d'une politique nouvelle et la fin d'un système qui fut bon dans son temps, mais qui cessait de l'être en se prolongeant au-delà de certaines nécessités; car tout le secret de la politique consiste à discerner à propos la ligne où le bien finit et se confond avec le mal ; quand cette confusion commence à se faire sentir, il faut avoir la force de s'arrêter sur la pente que l'on suivait, afin de retrouver la limite où il convient de se tenir.

Si cette règle vulgaire est le premier principe d'une saine politique, les hommes les plus ardens du 13 mars et du 11 octobre n'ont qu'un reproche à se faire, c'est de ne l'avoir pas comprise à temps ; mais, s'ils reconnaissent cette erreur, et s'ils se rallient à la politique de l'amnistie, qu'ils soient les bien venus et qu'ils se placent au sein de la majorité prochaine pour la fortifier et non pour la désunir.

Si, au contraire, ils repoussent la main qu'on leur tend, eh bien ! qu'on les repousse eux-mêmes, car ils auront prouvé, en refusant de s'associer à un système de concorde et d'union, que c'est moins le bien de l'état qu'ils ont en vue que l'intérêt de leur passion ou de leur vanité.

Car enfin il est temps de mettre un terme à ces ambitions mesquines qui, en semant la discorde au sein d'un grand peuple, entravent au dedans la marche des affaires, et affaiblissent l'action de la couronne au dehors. Il est temps de comprendre que ces perpétuels changemens de cabinet conduisent à la nécessité des renouvellemens fréquens de législatures. Or il n'est qu'un pas de l'instabilité législative à celle de la monarchie ; car ce n'est jamais en vain qu'un peuple ardent et d'une mobilité proverbiale est appelé sans cesse aux comices ; il s'habitue à ces témoignages de déférence et à ce besoin d'être consulté. Dans les temps calmes ses suffrages ne sont que de simples avis ; mais dans les temps d'orage ils deviennent des ordres. Ce danger, que signalent les esprits prévoyans, ne peut être conjuré que par une certaine prépondérance du pouvoir exécutif, qui, en réfrénant les ambitions individuelles, fera prévaloir l'intérêt social sur l'égoïsme de chacun ; car, il faut le dire, le désordre de l'époque vient tout entier de cette domination exclusive de la personnalité, maladie funeste qui agit sur les sentimens moraux, ainsi que le fléau de l'Orient sur les ressorts de la vie physique.

Qu'on attaque donc ce mal dans sa source et qu'on le poursuive sans relâche : alors la charité, le dévouement, le culte de la famille, l'amour des devoirs, la modération dans les goûts, en un mot toutes les vertus morales refleuriront parmi nous.

Mais, si nous ne pouvons ni extirper ni même pallier cette double contagion du sensualisme et de la personnalité, attendons-nous à voir le corps social s'affaiblir de plus en plus, et l'esprit public lui-même s'éteindre. Alors que devient un peuple sans esprit public ? et le pouvoir lui-même, que peut-il, sans l'énergie de ce stimulant ? n'est-il pas comme un navire qui, faute de vent dans ses voiles, est forcé de s'arrêter ou de marcher à la rame ?

CHAPITRE XI.

Difficultés de la tâche royale (1).

Le mal de l'époque, avons-nous dit, c'est l'individualisme ; ce mal est partout, dans la politique, dans les arts, dans l'industrie. Mais où nous mène cette insolente domination du *moi?* n'est-ce pas à la révolte dans l'ordre politique, à l'immoralité et au suicide dans l'ordre privé? Si cette vérité est évidente, pourquoi ne pas lutter énergiquement contre cette tendance funeste? pourquoi ne pas prévenir ou arrêter ses conséquences finales? Vous avouez que les intelligences sont rebelles, et comme en état d'hostilité flagrante avec le pouvoir, et vous ne faites rien pour amener la fin de ce déplorable antagonisme? La règle est détruite, dites-vous! et vous ne faites rien pour la rétablir, c'est-à-dire pour ramener les esprits à un principe rigoureux d'unité sans lequel le désordre sera permanent dans toute la hiérarchie sociale. Dans le trouble où vous êtes, vous recourez à la science des économistes, science sans nom, qui n'est encore qu'à ses rudimens, ou plutôt à sa partie alchimique ; vous lui demandez le secret de pacifier les masses, et ses docteurs vous répondent : « Donnez-leur du pain, donnez-leur le bien-être. » Eh ! mon Dieu, il y a longtemps que ce refrain court le monde, car ce n'est pas

(1) Ce chapitre, écrit avant le 15 avril, est applicable sous quelques rapports au temps actuel.

d'aujourd'hui seulement que les princes bien intentionnés songent à réaliser la poule au pot de Henri IV ! Mais où sont jusqu'à présent les résultats obtenus? où sont même les moyens d'exécution? vous croyez les saisir, et ils vous échappent sans cesse! C'est qu'en effet vous confondez la pensée du bien avec ses modes de réalisation, et que, dans vos préoccupations, louables d'ailleurs, vous ne tenez compte ni de l'imprévu ni de certaines causes générales dont les conséquences subtiles se refuseront toujours à l'analyse et aux calculs de la statistique.

S'il est une vérité triviale à force d'évidence, c'est que l'humanité a ses phases et ses transformations diverses qu'il faut savoir comprendre, et selon lesquelles il importe de gouverner.

Il fut un temps où la plèbe de Rome ne demandait que du pain et des gladiateurs, et chaque jour le cirque se teignait pour elle du sang des esclaves, chaque jour les immenses greniers de la cité impériale vomissaient sur les places publiques les grains de la Sicile et de l'Égypte. Quand cette foule était repue, elle laissait le maître dormir; que lui importait *Vitellius* ou *Othon?*

Mais de nos jours le peuple a-t-il rien de commun avec cette tourbe oisive de Rome dégénérée? se rend-il tous les matins sur nos places pour y attendre le lever de César et lui demander sa part des dépouilles du monde? Ah! sans doute nos princes n'ont pas ces coûteuses aumônes à lui distribuer, et nous devons en remercier la Providence; mais, les eussent-ils en leur pouvoir, ils ont le cœur trop fier pour les lui jeter comme une indigne rançon et se rédimer à ce prix. La tâche royale est plus noble aujourd'hui, mais aussi plus rude et plus austère qu'à aucune époque des temps passés. Pour la monarchie de juillet il s'agit de contenir toute une population pressée et belliqueuse sur le sol natal, et de l'y nourrir des fruits de son travail ; au premier aspect, ce théorème social parait simple, mais dans l'application il se complique à tel point, que, dans l'état des esprits, la pratique de la paix est devenue en quelque sorte plus laborieuse que celle de la guerre ; en effet, tant qu'il n'a été question que de mener la France à la conquête des états voisins, le pouvoir ne fut que médiocrement embarrassé des élémens de désordre si actifs et si menaçans de nos jours ; il s'empara de ces agens de destruction, et les fit servir à son œuvre. Car est-il besoin que la main qui renverse soit si pure ? mais la soif et les ardeurs de conquête ont fait leur temps, toutes ces voies d'actions, bonnes ou mauvaises, sont closes désormais. L'Europe, qui connait sa force, n'est plus au pillage, et ses capitales, mieux gardées, ne deviendront plus le prix de la course. Or que faire de ces passions turbulentes et de ces ambitions inquiètes auxquelles l'empire ouvrait jadis une si vaste et si facile carrière ? Il faut les contenir, dit-on ; eh ! sans doute, il le faut ! Mais c'est justement cette compression toute matérielle dont l'autorité doit redouter les chances et conjurer les périls. Car, s'il est des temps où il est possible de triompher des mauvaises passions avec le concours des intérêts menacés, il en est d'autres où ces intérêts divisés et en état d'hostilité entre eux se séparent du pouvoir et se rattachent sous la bannière de ses ennemis. Alors le droit et la justice périssent, alors les ressources de l'état deviennent de nouveau la proie d'une minorité factieuse, et les bons citoyens, impuissans à se défendre, courbent la tête sous le joug d'une avide et sanguinaire dictature. Nous avons échappé à ce péril après 1830, grâce à la sagesse et à la fermeté du prince qui veille à nos destinées; mais il ne suffit pas, pour résoudre le problème de l'époque, d'éloigner ou de rendre impossible le triomphe des mauvaises passions, il faut songer encore à cette population de travailleurs, dont les flots pressés s'élèvent et se grossissent chaque jour; il faut songer d'abord à faire vivre cette foule, puis à la moraliser et à l'assainir; c'est le seul moyen de l'enlever aux artisans de désordre, toujours prêts à envenimer ses plaies, à exciter ses passions, et à l'ameuter contre ceux qui gouvernent.

Mais comment la faire vivre si les deux sources de la production, le sol et l'industrie s'épuisent? Comment la contenir si l'espace et la matière lui manquent? Plus on examine cette question et la multitude des rapports qui la compliquent, plus on est frappé de son immense gravité. Si on la formule sous ce mot vague et encore mal compris de *question sociale*, elle apparait d'abord comme ces points indécis qui, au bout de l'horizon, laissent le voyageur dans le doute de leur nature et de leur forme; mais, à mesure qu'il avance, la réalité se développe, grandit à ses yeux, et, au terme de sa course, il se trouve en face d'un de ces hauts sommets que le pied de l'homme n'a jamais gravis.

Telle est cette question sociale qui résume à elle seule toutes les autres et qui enserre dans ses vastes flancs les difficultés réunies de notre ordre politique et civil. Mais, en ne nous préoccupant ici que de l'état du sol et de l'industrie, cette double base sur laquelle repose la question sociale elle-même, que de sujets de crainte et d'inquiétude pour l'avenir? car aucune de ces sources du bien-être des masses n'est aujourd'hui dans sa pureté naturelle ou dans ses conditions normales. Le sol morcelé et subdivisé à l'infini s'appauvrit et s'épuise : il est démontré que l'extrême division des biens-fonds, en substituant l'action lente et arriérée des moyens individuels à la puissance éclairée des moyens collectifs, est pour l'agriculture une cause insurmontable de stagnation et de routine. Il est démontré que des millions de parcelles du sol ne font partout que des millions de pauvres; car chaque famille attachée à chaque glèbe a beau la retourner et la tremper de ses sueurs, elle n'en périt pas moins d'épuisement et de misère à ce travail ingrat. Un temps viendra, sans doute, où toutes ces parcelles de terre, en vertu de la loi commune d'attraction, graviteront vers des centres plus compactes et plus solides; alors l'unité du sol sera rétablie, et l'espèce de subversion anarchique qui le dévore aura cessé; mais comment rétablir l'unité du sol sans refaire celle du pouvoir? et que de questions se rattachent à ce principe si vaste de toute société humaine (1)! Ainsi, dans l'état actuel des taxes et de la division des terres, le sol nourrit à peine ceux qui l'exploitent.

L'industrie proprement dite est-elle plus profitable au travail, est-elle pour le pouvoir un gage de sécurité plus efficace ? qu'il prête l'oreille de ce côté, et qu'il écoute ces milliers de voix qui, s'élèvent confusément vers lui, les unes pour l'accuser d'un mal qu'il ne saurait guérir, les autres pour lui offrir des dévouemens ou offices de calcul. Défendez mes produits contre telle ou telle concurrence, dit celui-ci, et je vous soutiendrai de mes votes et de mon bras au besoin. Le monopole me ruine, dit cet autre, brisez ces entraves qui gênent la circulation et arrêtent mon débit, sinon vous m'aurez pour ennemi. Mais comment concilier tant d'intérêts opposés ? comment accorder le nord avec le midi, le produit agricole avec celui de la manufacture ? cette tâche, pour qui voudrait la remplir, serait celle des Danaïdes ; car les obstacles naissent ici les uns des autres, et la variété des questions que font surgir ces termes de *douanes*, de *tarifs* et d'*octrois*, est presque infinie.

La science industrielle marche au hasard, elle ignore encore ses lois et ses conditions ; un jour peut-être elle aura son *Kepler* ou son Galilée, mais ce jour n'est pas venu ; en attendant elle se consume dans la

(1) Ce que j'attaque ici, ce n'est pas le principe de la division des propriétés, mais l'abus que l'on a fait de ce principe.

Ce que j'attaque, ce sont les 6 millions de cotes foncières au-dessous de 5 francs, qui font de nouveaux serfs de la glèbe ; serfs sans suzeraineté il est vrai, mais aussi sans patronage et sans secours.

lutte ; à l'intérieur la concurrence la dévore, au dehors la prohibition la rapetisse. Ces deux mots *prohibition* et *concurrence* résument ses plaintes et ses griefs, ils expliquent cette guerre de fuseaux et de navettes que se font les peuples à défaut d'armes plus meurtrières ; quand ils sont las de s'exterminer sur les champs de bataille, ils se déchirent, ils se ruinent dans les conditions mêmes du travail. Déplorable instinct qui semble justifier cette proposition de Hobes, que l'homme est né pour l'état de guerre !

Ainsi donc le sol et l'industrie, ces deux sources *naturelle* et *artificielle* de la production, suffisent à peine à nourrir les classes les plus nombreuses et les plus pauvres ; ainsi la confusion et le désordre répandus parmi les élémens du travail affectent à la fois tous les germes de la richesse sociale. Mais, quelque grave que soit ce mal, il est moins profond que celui qui règne aujourd'hui dans le monde moral. N'est-ce pas de cette région intime qu'on a banni les plus nobles sentimens du cœur, la foi qui console, l'espérance qui soutient et la charité qui sonde toutes les plaies et soulage toutes les infortunes ? N'est-ce pas de cette région flétrie par le souffle de toutes les passions vaines et cupides que partent « *ces soupirs, ces plaintes, ces gémissemens*, qui, selon l'énergique pensée du Dante, *s'élèvent et se confondent sous un ciel sans étoiles* (1) ? »

____

(1) Quivi sospiri, pianti, ed alti guai
Risonavan per l'aer senza stelle.
                    DANTE, *l'Inferno*, canto III.

Ah! si nous avions à retracer toutes les douleurs qui s'échappent de cet abîme du matérialisme, il nous faudrait un pinceau et des couleurs dont nous déplorons ici l'absence. Mais assez de voix éloquentes ont protesté contre ce grand désordre légué par une génération de sophistes et de faux apôtres à la génération haletante au sein de laquelle nous vivons.

Laissons donc à la main de Dieu le soin de cicatriser toutes ces plaies de l'ordre moral, et ne demandons pas au pouvoir qu'il s'essaye à une pareille œuvre, elle serait au-dessus de ses efforts et de ses forces. Il a bien assez des difficultés de l'ordre politique tel que nos cinquante ans de révolutions le lui ont transmis, il a bien assez des dangers qui naissent des bienfaits eux-mêmes d'une civilisation entièrement nouvelle dans le monde : car l'égalité des droits, la liberté d'examen et l'instruction des masses n'apparaissent pas tout-à-coup chez un peuple sans soulever, comme autant de feux souterrains, les couches inférieures de l'ordre social qu'elles tourmentent, qu'elles déchirent en les poussant violemment à la surface. Les effets de cette crise intestine ont été merveilleusement retracés par M. de Lamartine; écoutons sur ce sujet les paroles de notre grand poëte.

« L'égalité de droit a produit l'égalité des pré-
» tentions et l'ambition dans toutes les classes; l'a-
» spiration au pouvoir, la concurrence indéfinie à
» tous les emplois, l'obstruction de toutes les carriè-
» res, la rivalité, la jalousie, l'envie entre tant d'hom-
» mes se pressant à la fois aux mêmes issues; un cou-

» doiement perpétuel des capacités, des cupidités, des
» amours-propres à la porte de tous les services pu-
» blics; l'instabilité, par conséquent, dans toutes les
» fonctions publiques, et une foule de forces rebutées
» et envenimées refluant sur la société et toujours prê-
» tes à se venger d'elle.

» La liberté de discussion constituée dans la presse
» affranchie a produit un esprit de contestation et
» de dispute sans bonne foi, une opposition de métier
» et d'attitude, un cynisme de paroles et de logique
» qui effarouche la vérité et la modération, qui égare
» et ameute l'ignorance, qui déconsidère la première
» nécessité des peuples, le pouvoir, quel qu'il soit;
» qui épouvante les hommes honnêtes mais timides,
» et qui donne des armes à toutes les mauvaises pas-
» sions du temps et du pays.

» L'instruction répandue dans les masses, ce pre-
» mier besoin des populations qui en ont été si long-
» temps sevrées, produit sur elles au premier moment
» une sorte d'éblouissement d'idées non encore com-
» prises, un vertige d'esprit qui voit trop de jour à la
» fois; elles sont comme l'homme qu'on tire des té-
» nèbres où il a long-temps langui, et à qui on ne mé-
» nage pas le retour à la lumière; comme l'homme
» affamé à qui on jette trop de nourriture à la fois :
» l'un est ébloui et reste aveugle un moment, l'autre
» périt quelquefois par l'aliment même qui doit le
» rendre à la vie. Il ne s'ensuit pas que le pain et la
» lumière soient des choses funestes, c'est la transition
» qui est mauvaise. Ainsi de l'instruction des masses,

» elle produit au premier moment des capacités qui
» demandent un emploi social, un défaut de niveau
» entre les facultés et les occupations, qui peut et qui
» doit jeter pendant un temps une grave perturbation
» dans l'harmonie politique jusqu'à ce que le niveau
» élevé pour tous se rétablisse pour chacun, et que
» ces capacités multipliées se créent à elles-mêmes leur
» propre mode d'action.

» Le mouvement industriel arrache les populations
» aux mœurs et aux habitudes de famille, aux travaux
» paisibles et moralisans de la terre ; il surexcite le
» travail par le gain qu'il élève tout-à-coup, et qu'il
» laisse retomber par saccades ; il accoutume au luxe
» et aux vices des villes des hommes qui ne peuvent
» plus retourner à la simplicité et à la médiocrité de
» la vie rurale : de là des masses aujourd'hui insuffi-
» santes, demain sans emploi, et que leur dénuement
» jette en proie à la sédition et au désordre (1). »

Eh bien ! c'est en face de ces obstacles et de ces difficultés réunies que s'est trouvée la royauté de 1830.
Dès l'origine elle a eu tous les genres de désordres
et de passions à combattre ; mais, grâce à l'énergie
de sa constitution, elle est sortie victorieuse de ces
longues épreuves. Est-ce à dire qu'elle soit au terme
de ses peines et de ses travaux ? Non, sans doute, le
mal qui est au fond des choses reparaîtra tôt ou tard ;
il se reproduira affaibli, nous aimons à le penser, mais
enfin il reparaîtra à la moindre secousse, à la moindre crise intérieure.

(1) *Voyage en Orient*, tome IV.

Présentement le pays cède à un besoin insurmontable de repos. Dégoûté des novateurs et des systèmes de toutes sortes, il s'est replié sur lui-même, il s'opère dans ses idées, dans ses goûts, dans ses pensées les plus intimes, un travail qu'il faut savoir comprendre et favoriser ; car ce travail c'est l'amélioration de l'ordre moral et matériel de la société qui en est le but.

Or c'est donc une mauvaise politique que celle qui veut continuer la lutte lorsque le pays lui-même désarme, c'est une mauvaise politique que celle qui s'efforce de ranimer les passions et la discorde qui s'éteignent. Le temps est venu, au contraire, de faire une halte dans les voies du 13 mars et du 11 octobre, non une halte honteuse et rétrograde, à Dieu ne plaise ! Car le pouvoir doit se garder de répudier aucun des faits accomplis, et encore moins de briser les armes qui ont assuré sa victoire. Mais enfin le pays fatigué le convie à la paix : qu'il accepte cette paix ; ne fût-elle qu'une trêve, elle est nécessaire aux intérêts qui souffrent, aux idées qui ont besoin de s'assainir, et enfin à l'avenir de la dynastie elle-même, que le système doctrinaire n'a pas su fonder.

CHAPITRE XII.

Des rapports du pouvoir avec la majorité prochaine.

Depuis l'époque où j'écrivais ces lignes, l'amnistie et la dissolution sont venues donner à la politique et aux affaires une physionomie toute nouvelle. Dans quelques jours, la chambre sera renouvelée, et dès à présent on peut pressentir que l'ancienne majorité est sur le point de subir des modifications profondes; mais dans quel sens ces modifications vont-elles s'accomplir? Est-ce au profit de la couronne et du pays, ou dans l'intérêt seulement de quelques ambitions privées? L'épreuve des votes décidera bientôt cette question.

En 1832 et 1834, le débat était entre la monarchie constitutionnelle et l'esprit de désordre, aujourd'hui il est entre les différentes coteries qui se disputent le pouvoir; mais de ce que la question politique s'est déplacée et rétrécie, il ne s'ensuit pas qu'elle se soit simplifiée, il ne s'ensuit pas non plus que la tâche royale soit plus facile aujourd'hui qu'elle ne l'était il y a quatre ans. Sans doute la couronne n'a plus à vaincre les factions sur la place publique; mais n'est-elle pas dans la nécessité plus difficile, peut-être, d'accorder et de concilier entre eux les hommes qui l'ont aidée dans la lutte? n'est-elle pas dans la nécessité de disputer les fruits de sa victoire à certains ambitieux qui les revendiquent pour eux seuls? toutes les difficultés de la prochaine législature naitront et se développeront sur ce terrain, et il est aisé de voir que, si l'on ne se hâte de couper court à ces misérables rivalités de personnes, elles pourront mener loin la couronne et le pays.

Mais comment remédier à ce mal, et surtout comment l'extirper s'il se cache sous le système des combinaisons ou mouvemens de majorités?

C'est là qu'est le péril; car, si l'on attaque l'abus, on court risque de toucher au principe. Or le principe de la souveraineté de la majorité est l'élément vital du régime fondé en 1830; et depuis cette époque nous avons vu le gouvernement se montrer constamment fidèle aux exigences et aux conditions de son origine politique. Mais que devons-nous conclure de cette conduite du pouvoir? prouve-t-elle que ce principe de la majorité, qui est celui de l'état, soit absolu et sans limites? Non, évidemment; car il n'est de principes absolus en politique que ceux qui mènent à l'absurde ou à la tyrannie. Or la théorie de la majorité, de quelque façon qu'on l'explique, ne peut s'entendre que d'une manière rationnelle et conforme au bien public.

Sans doute, il importe que le pouvoir rende hommage à la majorité; mais il n'est pas moins nécessaire qu'il se garde d'un culte superstitieux et de toute crainte puérile dans ses rapports avec elle; car le temps et les circonstances qui ont fait les 224 sont loin et ne reparaîtront plus.

Que l'on sache donc aujourd'hui qu'entre ces deux

systémes, l'un de résistance absolue aux vœux de la majorité, et l'autre de déférence timide à ses moindres caprices, il y a place pour la véritable théorie du régime représentatif, théorie aussi éloignée du système de Charles X que de celui de l'opposition.

Ainsi désormais rendez hommage à la majorité, mais gardez-vous de résigner le pouvoir en présence d'un vote qui ne serait que l'effet de la coalition des minorités factieuses; rendez hommage à la majorité, mais n'offrez pas de vous retirer à la moindre dissidence ou opposition qui viendrait à éclater dans son sein. Ce ne serait pas là pratiquer le gouvernement représentatif, ce serait consacrer l'anarchie parlementaire, le pire de tous les genres de désordre. Or il est temps de mettre fin parmi nous à toutes les sortes d'anarchie; il est temps que l'instabilité politique fasse place à un système plus régulier, plus ferme et plus conforme à la dignité et aux intérêts du pays; il est temps surtout que l'on se pénètre de cette idée que ce n'est pas l'opposition qui est à craindre aujourd'hui pour le pouvoir, mais la majorité elle-même. L'opposition est morte, faute de discipline; que l'on prenne garde que la majorité ne rende le gouvernement impossible par l'effet du même désordre. Ce danger menace de devenir sérieux sous la législature prochaine; car, dans l'état de confusion où se trouvent les esprits, il est à croire que l'élection sera molle, indécise et sans caractère déterminé.

Or une majorité qui naît sous de telles conditions est d'autant plus difficile à manier, que, s'ignorant elle-même, elle s'insurge à tout propos contre ceux qui ont charge de lui révéler son but et de la conduire. Ces sortes de révoltes seront fréquentes, surtout si la majorité se grossit cette année des ambitions vulgaires et des médiocrités qui menacent d'envahir la chambre. Que le pouvoir avise à ce surcroît d'embarras, et qu'il n'oublie pas que la fermeté ne lui sera pas moins nécessaire pour discipliner ses nouvelles recrues que pour contenir certains vétérans du 13 mars et du 11 octobre.

* * *

Je me suis attaché dans cet écrit à démontrer que la royauté devait être le principe et la base de l'ordre politique fondé en 1830; mais en même temps j'ai ajouté que la royauté elle-même, pour être solidement établie, devait s'appuyer, non sur une classe ou catégorie quelconque, mais sur la masse nationale tout entière.

J'ai dit ensuite que l'individualisme, ce mal de l'époque, s'étant glissé dans toutes les veines du corps social, avait amené dans l'ordre politique l'instabilité du pouvoir, cette autre calamité contre laquelle on se débat vainement depuis sept ans. J'ai rappelé que le seul moyen de parer à ce péril de l'instabilité, c'était de changer le régime des discussions de la chambre et de substituer aux questions purement politiques les questions d'affaires ou d'intérêt pratique.

En agissant de la sorte, le pouvoir favoriserait le

mouvement des esprits qui abandonnent le champ des utopies pour celui des faits ; et, en s'associant à ce besoin universel de travail et de bien-être qui tourmente la génération nouvelle, il enlèverait aux mauvaises passions jusqu'à la pensée même du désordre.

Si cette voie est la plus sûre pour arriver à la pacification des masses, que le pouvoir s'y engage donc franchement.

Qu'il s'enquière avec soin des réformes à introduire dans les moindres branches de l'économie sociale ; mais avant tout qu'il se préoccupe de l'état de la législation et de l'agriculture, ces deux sources principales de l'ordre et du bien-être d'un peuple. Il trouvera de ce côté des améliorations pacifiques, mais graves et urgentes à opérer.

En effet, si l'on excepte l'Angleterre, cette terre classique des vieux abus, il n'est aucun pays en Europe où la distribution de la justice soit plus ruineuse que parmi nous : il est donc nécessaire de simplifier les formes de la procédure afin d'en diminuer les frais.

Nulle part aussi le trafic des offices ministériels n'est plus scandaleux qu'en France, et plus en dehors de la moralité et de la capacité qui devraient servir de base à la transmutation de ces titres.

Ce désordre, qui s'alimente aux dépens des justiciables et de tous les intérêts privés, ne saurait être toléré plus long-temps.

À l'égard de l'ensemble de la législation civile, on

sait qu'il y a des titres entiers de nos codes à refondre ou à réviser. Ceux qui concernent les *hypothèques*, les *saisies*, les *licitations*, les *faillites* et les *sociétés*, sont de ce nombre.

Le titre III du Code de Commerce rappelle, par son laconisme, et encore plus par la nature de son texte, qu'il a été conçu au bruit des camps et à une époque où la théorie des associations industrielles était dans l'enfance. Aussi, les prescriptions de la loi se trouvant aujourd'hui fort au-dessous de l'essor général des affaires, il en résulte que l'anarchie la plus complète règne dans toutes les branches des sociétés commerciales.

La *commandite* notamment est devenue, pour les bailleurs de fonds, un véritable coupe-gorge. C'est sous ce masque de *gérant responsable* que se cachent ces fripons adroits qui, à l'aide de promesses brillantes et de *prospectus* frauduleux, extorquent avec une incroyable facilité les économies des familles modestes. Il est temps d'arrêter les effets d'une telle immoralité en obligeant les *gérans* ou associés solidaires des commandites à *justifier* chaque année de l'*actif social* en présence d'un commissaire royal, et d'en justifier non d'une manière évasive ou fictive, comme il arrive entre compères, mais d'une manière réelle et complète.

De cette façon, les intérêts des *commanditaires* seront à couvert, et ces sortes d'associations se relèveront du profond discrédit où elles sont tombées.

Ce désordre, qui règne dans les faillites et dans les sociétés, est devenu si grave, que chaque jour de retard apporté à une loi nouvelle sur ces importantes matières est pour l'industrie une cause active de perturbation et de ruine.

Ces nécessités, que j'esquisse rapidement, ne sont pas les seules qui se fassent sentir dans l'ordre civil, il en est beaucoup d'autres qui pourront grossir le pro-programme de la prochaine session. Ainsi il est urgent de réglementer par une loi le travail des enfans dans les fabriques, et de venir au secours de ces faibles créatures, aux prises aujourd'hui avec la cupidité et l'égoisme (1).

L'instruction secondaire est aussi dans un état de désordre complet; il faut y pourvoir et songer en même temps à trouver des moyens d'exécution à la loi de M. Guizot sur l'instruction primaire, loi excellente qui n'a d'autre défaut que d'être d'un demi-siècle en avant des préjugés des conseils municipaux et de l'ignorance aveugle des campagnes.

Que toutes ces matières soient formulées en projets de lois et qu'on en saisisse la chambre.

Qu'on l'occupe également sans relâche de tous les grands travaux d'utilité publique, tels que routes, canaux et chemins de fer. Cette mine est inépuisable; elle est d'autant plus féconde qu'elle décuple la richesse

____

(1) C'est une honte pour un peuple qu'il faille l'intervention du législateur sur de pareils sujets. En Angleterre, les enfans de moins de dix ans ont été soumis à coups de fouet à un travail de quinze et seize heures par jour. Si le parlement n'eût arrêté par une loi les effets de cette barbarie, la condition de l'enfant du pauvre eût été pire chez un peuple civilisé que chez les sauvages de la mer du Sud.

sociale par l'accroissement continuel du travail et des produits de toutes sortes.

Si cette vérité est démontrée, que l'on entre donc hardiment dans cette voie des améliorations, et que l'Europe ne dise plus que nous demeurons au-dessous de l'Autriche, de la Prusse et de la Belgique elle-même pour toutes les œuvres de quelque importance.

Qu'on établisse dans nos départemens du centre, de l'ouest et du midi, des colonies agricoles sur une grande échelle, et que l'on fasse refluer les populations entassées à Paris et à Lyon vers ces nouvelles sources de production; elles y trouveront à la fois le calme, le bien-être et les joies paisibles que donnent toujours les *travaux moralisans* de la terre, et que l'industrialisme ne procure guère aujourd'hui.

En un mot, que le pouvoir se préoccupe activement de tout ce qui peut favoriser les progrès moraux et matériels de la société, qu'il prenne l'initiative de tout ce qui peut être bon et utile au pays, et j'ose lui prédire que l'instabilité qui le dévore cessera promptement.

Mais, si jusqu'à ce jour toutes les hautes pensées du prince n'ont pu s'accomplir, et si le pays s'est épuisé depuis sept ans dans des luttes intestines, à qui la faute? n'est-elle pas aux factieux et à l'opposition, qui, saisissant le pouvoir à la gorge, l'ont mis tant de fois dans la déplorable nécessité de tirer le glaive pour sa défense? S'il a été contraint de s'arrêter ou de marcher plus lentement dans la voie du progrès, ne sont-ce pas ces mêmes hommes de désordre ou de rancune qui lui ont constamment barré le chemin? Mais, Dieu merci!

la couronne s'est affranchie, les factions vaincues sont réduites à l'impuissance, et l'opposition, qui les a si long-temps soutenues, l'opposition elle-même est en pleine déroute.

Le pays, grâce à la politique qui le gouverne, a retrouvé le calme et la prospérité; il a reconquis la plénitude de ses droits et la liberté de ses mouvemens. Qu'il jouisse donc de ces biens, et qu'il en jouisse sans se plaindre; car la Providence a plus fait pour lui que pour aucune autre contrée du monde. Nul territoire n'est mieux situé, nul n'est plus riche et plus varié que celui de la France; nulle population n'est plus ardente et plus virile que la sienne; nul prince n'est plus paternel et plus éclairé que son roi; nul pays enfin de la vieille Europe ne réunit comme le nôtre cette admirable unité du sol, du langage, des mœurs, des lois et des coutumes qui fait sa force et sa gloire.

Eh bien! malgré tous ces dons de la fortune nous nous plaignons sans cesse! nous nous plaignons, et tous les peuples nous portent envie; l'autocrate lui-même, du fond de ses steppes, respecte notre noble patrie. Ce despote orgueilleux sait bien que, s'il traîne à sa suite huit cent mille barbares, la France porte dans son sein le génie de la civilisation, plus fort que tous ses soldats.

L'Angleterre, notre vieille ennemie, recherche et cultive notre alliance, car elle a besoin de notre aide ou de notre neutralité contre le redoutable rival qui la presse au fond de l'Orient.

Si quelquefois la nécessité de cette union l'irrite,

qu'elle n'oublie pas que nous pourrons nous passer d'elle, qu'elle n'oublie pas non plus que nous avons derrière nous une révolution accomplie, tandis que chaque jour elle est en présence de celle qui la menace.

Mais si son alliance est sincère, qu'elle cesse de porter des regards jaloux sur nos flottes naissantes, et sur ces possessions d'Afrique qui nous ont coûté tant de sang et de trésors.

Qu'elle sache désormais s'habituer à notre nouvelle fortune, car pour elle comme pour nous les destins doivent changer.

Ainsi, à l'Angleterre pour un temps encore l'Océan et ses lointains rivages, mais à nous pour toujours la Méditerranée, ce lac de la France!

FIN.

PARIS.—Imprimerie de Vᵉ DONDEY-DUPRÉ, rue St-Louis, 46, au Marais.